BIBLIOTHÈQUE PÉDAGOGIQUE

GRAMMAIRE DE LA PAROLE

PAR

JULES LEFORT

PROFESSEUR DE CHANT

DEUXIÈME ÉDITION

REVUE ET AUGMENTÉE

PARIS

LIBRAIRIE CH. DELAGRAVE

15, RUE SOUFFLOT, 15

GRAMMAIRE DE LA PAROLE

OUVRAGES DU MÊME AUTEUR

Méthode de chant, en vente chez l'auteur, rue Mozart, 45, Passy, Paris.

Sous presse:

Méthode d'émission de la voix.

CORBEIL. — IMPRIMERIE DE B. RENAUDET

GRAMMAIRE DE LA PAROLE

PAR

JULES LEFORT

PROFESSEUR DE CHANT

DEUXIÈME ÉDITION

REVUE ET AUGMENTÉE

PARIS

LIBRAIRIE CH. DELAGRAVE

15, RUE SOUFFLOT, 15

1884

AVANT-PROPOS

M. le Ministre de l'Instruction publique et des Beaux-Arts a institué une commission chargée d'étudier les moyens de généraliser l'enseignement de la musique et du chant dans les écoles primaires.

Dans les nombreux rapports qui ont été déposés à ce sujet, je trouve cette recommandation de M. Bourgault-Ducoudray :

Emission de la voix. — Respiration.

« L'instituteur devra être très attentif à l'émission
« de la voix et à la respiration. La qualité du son vient
« de la manière dont il est émis ; une voix mal posée
« se brise dans sa fleur. Quant à la respiration, elle a
« une importance capitale, non seulement au point de
« vue du chant, mais aussi au point de vue de la santé
« de l'élève. »

Et dans celui de M. Albert Dupaigne l'observation suivante :

« La douceur de la voix est une qualité essentielle
« à obtenir. Presque partout on laisse *crier* les
« enfants, surtout les garçons. C'est le fléau de l'en-
« seignement du chant, et un des plus grands obs-
« tacles à son bon effet pédagogique. »

Dans l'état actuel de l'enseignement du chant, aussi bien dans les établissements publics que dans les écoles privées, la science de l'émission de la voix, la plus importante, puisque d'elle dépend la durée ou la perte de la voix, est dans l'anarchie la plus complète. Chaque professeur enseigne un système différent; or, ma longue expérience comme chanteur et comme professeur me fait affirmer qu'il ne doit y avoir et qu'il n'y a qu'une seule manière d'émettre la voix, celle qui lui donne toute sa force sans effort, ainsi que toute sa douceur; c'est ce qui constitue l'émission naturelle.

La nature, du reste, pourvoit chaque individu d'un appareil vocal parfait, et, à moins de difformité dans la construction de cet appareil, ce qui est heureusement très rare, chacun doit avoir une voix d'une émission parfaite; mais les cris, la maladie, les mauvaises habitudes de langage, compromettent cet organe si fragile, qu'il est pourtant presque toujours possible de rétablir dans sa perfection première, si les ravages apportés par les causes que j'ai énumérées ne sont pas trop graves.

M. Michel Bréal, membre de l'Institut, rapporteur de la commission nommée par M. le Ministre de l'Instruction publique et des Beaux-Arts, pour examiner mon livre la *Grammaire de la parole*, commission dont M. Gavarret, inspecteur général des études à l'École de médecine, était Président, a déposé, au ministère de l'Instruction publique, son rapport, qui, après avoir reconnu que les découvertes de M. Jules Lefort sont dignes d'être encouragées, qu'elles rectifient des erreurs qui ont cours dans l'enseignement, en recommande l'étude et l'application aux professeurs de chant et de déclamation.

Avant le dépôt de ce rapport, M. l'Inspecteur général Gavarret m'avait fait l'honneur de m'adresser les deux lettres suivantes :

Lundi, 3 février 1879.

« Cher Monsieur,

« J'ai lu, avec grand plaisir et grande attention, votre *Grammaire de la parole*. Ce travail vous fait grand honneur, et je vous remercie de l'avoir mis à ma disposition ; il est rempli d'observations très délicates et très justes dont je ne manquerai pas de faire mon profit. »

Puis, le 6 février de la même année.

« Cher Monsieur,

« Je vous le réitère et je vous prie de tenir la chose pour certaine, ma lettre n'est que l'expression de ma pensée à l'endroit de votre étude de la parole. L'expérience, cette souveraine maîtresse en toute chose, vous a fait découvrir des faits très intéressants qui n'étaient pas soupçonnés. »

A ces deux lettres si flatteuses, je dois, pour expliquer la légitimité de mon espoir de voir mon livre adopté généralement dans l'instruction, ajouter celle d'un grand professeur, d'un artiste dont le talent est égal au savoir, du doyen de la Comédie-Française, du grand comédien E. Got.

Paris, 22 juillet 1878.

« Cher Monsieur,

« J'ai lu attentivement la *Grammaire de la parole*, dont vous avez eu la gracieuseté de m'adresser un exemplaire, et je me hâte de vous en faire tous mes compliments, en même temps que je vous remercie.

« C'est vu avec toute la lucidité d'un maître, basée sur l'autorité d'une forte expérience, et vos remarques pourront m'être à moi-même d'un précieux secours auprès de mes élèves.

« Votre vieux camarade,

« E. GOT. »

En présence de ces témoignages émanant de personnes aussi compétentes, en présence aussi de l'autorité que peut donner à mon opinion, la réputation et l'expérience que j'ai acquises dans ma carrière artistique, les recherches auxquelles je me suis livré, et les observations nombreuses que j'ai faites depuis quinze ans pour arriver à déterminer la loi naturelle de l'émission de la voix, et en faire une science complètement exacte ; il m'est permis d'espérer que mon livre sera adopté, d'abord dans les écoles normales primaires, puis dans les classes de lecture expressive des écoles primaires supérieures et des lycées, enfin, plus tard, dans toutes les écoles primaires.

Je puis affirmer, avec la conviction la plus profonde, que c'est en suivant exactement les conseils que je donne, que l'on arrivera à réaliser le désir exprimé par les membres de la commission du chant.

Les garçons auront la voix bien émise, qualité qu'ils conserveront toujours, s'ils restent fidèles à l'enseignement qu'ils auront reçu ; puis, devenus hommes, ceux qui se livreront aux carrières libérales, orateurs, avocats, professeurs, chanteurs, auront ce précieux avantage de pouvoir se servir de leur voix, sans la moindre fatigue, et de la garder pure et sonore jusqu'à un âge où ordinairement elle fait défaut. Quant aux voix de femmes, elles garderont ce qui fait leur plus grand charme, la douceur et la pureté, sans perdre de leur force.

De plus, la perfection de l'articulation des consonnes et l'unité dans l'émission des voyelles, arriveront à détruire les mauvaises prononciations et les patois de certaines provinces, comme le désire le conseil de l'instruction publique.

1.

Comme j'ai suivi, pour la classification des consonnes et des voyelles, l'ordre strict dans lequel sont
formés ces deux agents de la parole, j'ai dû changer
l'ordre des lettres de l'alphabet usuel, qui ont l'air
d'avoir été tirées au hasard, sans aucun lien entre
elles, et les classer séparément ; d'abord les consonnes, en commençant par les labiales, et en suivant l'ordre dans lequel elles se forment dans la
bouche, à mesure que, pour se produire, elles se di-
rigent vers l'arrière-bouche ; puis les voyelles, en
commençant par celles qui n'exigent, pour se former,
qu'une petite capacité, pour finir par celles qui en
demandent une grande.

J. LEFORT.

GRAMMAIRE DE LA PAROLE

FORMATION DE LA PAROLE

La parole est le résultat de la mise en action de trois phénomènes :

Le premier est l'articulation ;

Le deuxième l'émission ;

Le troisième la sonorité.

Les deux premiers phénomènes agissent successivement et produisent les syllabes dont l'assemblage compose les mots.

Le troisième communique aux deux premiers la faculté d'être entendus à distance.

Pour donner une forme visible à la parole et en conserver le souvenir, on a inventé des figures appelées *lettres*, qui représentent les deux premiers phénomènes.

Les figures représentatives de l'*articulation* ont reçu le nom de *consonnes*, parce qu'elles *sonnent avec* les secondes, nommées *voyelles*, qui correspondent au deuxième phénomène : l'*émission*.

Les *consonnes* sont produites par la mise en contact de deux parties de la bouche, et par leur séparation, que l'on peut appeler *détente*, parce qu'elle donne le même effet que la détente d'un ressort.

Les *voyelles* sont formées par les différentes capacités que peut produire la bouche, soit en hauteur, soit en largeur, soit en profondeur; ainsi que par les divers degrés d'ouverture des lèvres.

La *sonorité* est obtenue par les vibrations de l'organe vocal.

Cet organe peut être comparé à un instrument à anches, tel que l'orgue ou l'harmonium.

Aux *soufflets* correspondent les *poumons;* aux *anches* correspond un appareil sonore, le *larynx.*

Les *poumons* effectuent deux mouvements appelés *phénomènes de la respiration.*

Le premier mouvement, l'*inspiration*, remplit d'air les nombreuses cellules des poumons.

Le second, l'*expiration*, chasse cet air au dehors.

Les deux lèvres de la glotte, appelées *lèvres vocales*, résonnent lorsque, en passant entre elles, la colonne d'air qui sort des poumons les fait vibrer. La sonorité des vibrations ainsi obtenues s'accroît en traversant le *tuyau vocal.*

Le *tuyau vocal* est composé des diverses parties de la bouche qui se trouvent entre le larynx et les lèvres et s'étendent jusqu'aux narines.

C'est le résonnateur des sons produits par le larynx.

Les consonnes, résultant de la réunion de deux parties de la bouche, à des endroits différents, et de leur séparation, ont par conséquent, pour signes caractéristiques, le *mouvement*, puisqu'elles ne sont complètes qu'après cette séparation.

Elles constituent l'ossature des mots.

Les voyelles, au contraire, varient selon la capacité de la bouche et se prolongent aussi longtemps que l'on ne change pas cette capacité.

Elles n'occasionnent pas de mouvement pendant la durée de leur émission.

Elles sont la mélodie de la parole.

Y a-t-il rien de plus merveilleux que la simplicité des moyens employés par la nature pour doter l'homme de la faculté d'exprimer ses sensations, ses désirs, ses volontés, eu égard au nombre prodigieux de combinaisons que réclament tous les idiomes parlés par la race humaine?

Un moteur à air, — les poumons;

Un corps vibrant, — le larynx;

Un résonnateur, — les cavités de la bouche :

Voilà pour la partie sonore.

Les diverses combinaisons de mise en contact et de séparation des lèvres, des dents, de la langue et du palais, qui suffisent à produire les consonnes employées dans toutes les langues, forment le complément de ce merveilleux instrument.

Les consonnes et les voyelles sont formées entièrement sans l'intervention de l'organe sonore, avec la seule aide de l'air qui sort librement des poumons.

On peut se convaincre de la vérité de cette assertion en employant la *parole chuchotée*, qui est très perceptible et permet seule d'analyser d'une manière certaine le fonctionnement des organes de la parole.

L'usage assigne aux voyelles la priorité sur les consonnes. Il est plus rationnel de l'accorder à celles-ci, qui, dans l'ordre logique et naturel, précèdent les voyelles.

L'enfant qui s'essaye à parler fournit un argument en faveur de cette opinion.

MA ou *PA*, les premiers monosyllabes qu'il prononce, commencent par une consonne.

La majeure partie des mots est régie par la même règle.

Il faut donc suivre l'exemple que donne la nature, dans ces premiers essais de la parole, et restituer à ces agents formateurs la place que leur assigne l'importance du rôle qu'ils remplissent.

LES CONSONNES

Les consonnes sont le résultat de la réunion de deux parties de la bouche, et de leur séparation, appelée *détente*.

A ces deux mouvements, *pression* et *séparation*, viennent s'ajouter différents effets, tels que : *résonnance* de l'organe vocal à deux degrés, c'est-à-dire *résonnance complète* et *résónnance interrompue; absence de résonnance, vibration* et *sifflement*.

Ces effets différents fournissent les éléments de la classification et de la division des consonnes.

1° RÉSONNANCE COMPLÈTE.

Sous l'influence du passage entre les lèvres vocales de la colonne d'air qui sort des poumons et qui s'échappe librement, soit par la bouche, soit par le nez, le larynx vibre et rend *sonores* les consonnes *M, V, L, N, Z, R, G* doux, *J, ILL, GN.*

Pour bien se rendre compte de la qualification de *sonores* donnée à ces consonnes, il faut opérer de la manière suivante.

En prenant pour exemple la consonne *M;* si, après avoir donné aux lèvres la pression nécessaire à l'articulation de cette consonne, on fait résonner le larynx, les vibrations se prolongent aussi longtemps que la détente n'est pas accomplie.

Il en résulte une sonorité réelle ; cette sonorité justifie pleinement le nom de *consonnes sonores* attribué aux consonnes ci-dessus mentionnées.

2° RÉSONNANCE INTERROMPUE.

La pression formatrice étant opérée, si l'on fait vibrer le larynx, les vibrations glottiques cessent presque instantanément, parce que la bouche est close par les lèvres ou par la langue, et que le voile du palais, en se soulevant, ferme également les conduits du nez.

L'air se trouve ainsi comprimé dans la bouche, et le larynx cesse de vibrer lorsque la compression s'est établie.

Les consonnes ainsi formées sont *B*, *D*, *GU*, *G* dur.

3° ABSENCE DE RÉSONNANCE.

Les orifices de sortie de l'air étant fermés par les lèvres ou la langue et par le voile du palais, les vibrations du larynx ne peuvent se produire.

Ce groupe est celui des *consonnes muettes P*, *T*, *C* dur, *K* et *Q*.

4° VIBRATION.

Cet effet est le résultat du rapprochement simple, c'est-à-dire sans pression, de la lèvre inférieure contre les dents supérieures, ou de l'extrémité de la langue contre le palais.

La colonne d'air, après avoir mis en vibration les lèvres vocales, rencontre le léger obstacle formé par les rapprochements de la lèvre et des dents ou de la langue et du palais.

Comme ces rapprochements n'offrent qu'une faible résistance, le son franchit l'obstacle qu'on lui oppose, en communiquant à la lèvre inférieure ou à l'extrémité de la langue une vibration de force différente qui produit les *consonnes vibrantes V, R, Z, G* doux, *J.*

5° SIFFLEMENT.

Le larynx, étant ouvert comme pour l'expiration, ne vibre pas; l'air sort librement des poumons et vient forcer l'obstacle opposé par la lèvre et les dents, ou par l'extrémité de la langue soulevée vers le palais. En passant entre ces divers organes, il fait entendre le sifflement qu'on remarque dans les *consonnes sifflantes F, C* doux, *S, CH.*

A ces observations il faut ajouter que, de chaque mise en contact de deux agents de la parole, résulte un groupe de consonnes qui portent les noms des agents qui les forment et dans lequel se reproduisent plusieurs des effets qui viennent d'être énumérés.

Les consonnes se divisent en trois groupes.

Le premier groupe, formé des *consonnes labiales*, s'obtient par la pression ou mise en contact des lèvres l'une contre l'autre.

Il renferme les consonnes *M, B, P.*

Le second, appelé groupe des *denti-labiales*, est le résultat de la pression de la lèvre inférieure contre les dents de la mâchoire supérieure.

Il comprend les consonnes *V, F*, et la double consonne *PH*, dont la prononciation est absolument la même que celle de *F.*

Le troisième groupe, ou groupe des *palato-linguales*, résulte de la pression, à diverses places, de la langue contre le palais.

Ces consonnes sont : *L, N, D, T, R, Z, C* doux, *S, G* doux, *J, CH, ILL, GN, GU, CŒ, QU, G* dur, *K, Q, X.*

Ce groupe de consonnes se partage en plusieurs subdivisions qui varient suivant la place où se produit la mise en contact de la langue contre le palais.

Il faut classer les consonnes dans l'ordre dans lequel elles se forment, en commençant par les lèvres et en finissant par la base de la langue.

En résumé, les consonnes forment les trois groupes suivants :

> Les labiales,
> Les denti-labiales,
> Les palato-linguales.

Elles sont :

> Sonores,
> Demi-sonores,
> Muettes,
> Vibrantes,
> Et sifflantes.

Note. — Avant d'entrer dans la description détaillée de chaque consonne, on doit observer les irrégularités du système orthographique actuel, et rechercher les améliorations qu'il serait désirable de voir introduire dans les signes graphiques de notre langue.

Chaque rapprochement et chaque séparation des agents formateurs de la parole, produisant une consonne distincte, devraient avoir un nom et un signe spéciaux pour les représenter.

Il n'en est malheureusement pas ainsi.

Tandis que certains effets identiques de mise en contact et de séparation possèdent deux et même trois figures représentatives, tels que *C* dur, *K* et *Q*, qui se prononcent absolument de la même manière ; *G* doux et *J*, qui sont dans le même cas ; d'autres, comme *CH*, *GU* et *QU*, et aussi, selon nous, *ILL* (mouillé) et *GN*, emploient deux lettres, parce que les signes graphiques font défaut.

La formation de ces consonnes procède pourtant de la même manière que les autres ; celle de *GU* et *QU* est complètement distincte de celle de *G* dur, de *C* dur, de *K* et de *Q*, dont la pression s'opère à une autre place de la bouche.

La différence qui existe entre elles est régulière.

Elles composent un groupe de consonnes au même titre que *M*, *B*, *P*, et *V* et *F*, et l'on doit regretter qu'on n'ait pas suivi le même mode pour les classer, puisqu'on avait celles-ci pour exemple.

On vient de voir que trois consonnes, *C* dur, *K* et *Q*, possédant chacune une figure représentative, sont formées d'une manière identique, par la réunion des mêmes parties de la bouche.

En présence de la pénurie de nos signes graphiques, cette richesse pour une consonne, car c'est absolument la même, est étrange.

Les Russes n'emploient que le *K*, et ils sont dans le vrai.

L'étymologie des mots est la cause de l'emploi de l'une plutôt que de l'autre de ces lettres, mais on devrait s'efforcer, autant que possible, de faire cesser cette confusion.

En revanche, il existe dans notre alphabet une lettre qui est la réunion de deux consonnes. C'est *X*, qui se prononce *KS* dans *Auxerrois*, et *GZ* dans *Exil*. Elle comprend deux mouvements, elle devrait être représentée par deux lettres.

On la prononce aussi comme deux *SS* dans *Bruxelles*.

On dit généralement que les deux consonnes *V* et *F* sont les mêmes, seulement on ajoute que l'une est faible et l'autre forte.

Il n'y a pourtant aucune différence de force entre elles. S'il y en avait une, elle serait en faveur de *V*, qui fait vibrer le larynx, tandis que pour la production de *F*, il reste complètement sans sonorité. Les lèvres de la glotte sont ouvertes comme pour l'expiration ; la colonne d'air sort librement des poumons, sans compression, et produit un sifflement en passant entre la lèvre et les dents.

Il en est de même pour les consonnes qui sont régies par les mêmes lois, et qui devraient être classées de la même manière ; ce sont : *Z*, *C* doux et *S* ; *G* doux, *J* et *CH*.

Presque tous les grammairiens les divisent en groupes de murmurantes ou vibrantes et de sifflantes, sans tenir compte de leur mode de formation. La classification proposée dans cet ouvrage est beaucoup plus juste.

On emploie deux lettres pour représenter la pression de la lèvre inférieure contre les dents supérieures, dans les mots dérivés du grec, le *P* suivi de H; mais les Grecs n'avaient pas d'autre signe que le *Phi* (Φ) pour représenter cet effet, tandis que le *F* est parfaitement suffisant.

Les Italiens ont complètement abandonné l'usage de ces deux consonnes, et Volney a donné l'exemple de son exclusion en français; il écrit *alfabet*, et non *alphabet;* c'est une simplification désirable.

Il existe une lettre que l'on classe parmi les consonnes et à laquelle on doit refuser absolument cette qualité, c'est *H*.

Volney et d'autres linguistes ont soulevé cette question et l'ont résolue dans le sens qui est généralement adopté.

Pourtant *H* n'est pas une consonne; c'est un signe modificateur, ne présentant aucun des caractères de la consonne, qui sont la pression et la détente, lesquelles constituent un mouvement : or il ne se manifeste aucun mouvement des organes de la parole dans la formation de *H*. Son rôle se borne à modifier la prononciation des consonnes *C* et *P*. Il donne à cette dernière consonne la même prononciation que le *F*.

Lorsqu'il est placé après la consonne *C*, il sert à indiquer un sifflement plus large que celui de *S*, et que l'on obtient par une autre disposition de la pointe de la langue.

Il serait bien plus régulier de n'avoir, au lieu de deux lettres *C* et *H*, *P* et *H*, qu'un signe pour chacune de ces consonnes doubles, puisqu'il n'y a qu'un mouvement et qu'une détente : ce sont, en réalité, deux consonnes simples; or, deux lettres pour les représenter sont complètement inutiles.

Devant une voyelle, *H* ne remplit nullement l'office d'une consonne, puisqu'on l'appelle *H* muet. Cette prétendue consonne manque du mouvement, qui est le signe caractéristique de la consonne, et ne fait entendre aucune articulation.

Dans certains cas seulement, cette figure donne aux voyelles devant lesquelles elle se trouve une attaque plus accentuée, et que l'on nomme improprement *aspiration*. Ce n'est pas un *H* *aspiré* qu'il faudrait dire, mais un *H* *expiré*, parce que c'est en chassant plus énergiquement l'air des poumons qu'on l'obtient, et non en l'aspirant.

Ce n'est donc pas une consonne; c'est un simple accent placé devant la voyelle initiale et en indiquant la prononciation.

Si cela était possible, il serait désirable de supprimer comme consonne, dans notre alphabet, ce signe qui ne sert absolument à rien.

La même observation s'adresse au *T* suivi de *H*, dont le rôle est nul aussi. Cette figure sert à indiquer que les mots qui l'emploient sont dérivés du grec.

Mais le *Théta* n'est qu'un signe simple comme le *Phi;* il avait certainement sa prononciation particulière, qui ne devait pas être la même que celle du *Tau*, notre *T;* on le prononçait probablement comme le *TH* anglais dans *think, thing, theater*, etc., puisque les Grecs modernes le prononcent de la même manière.

Il résulte de toutes ces raisons que la lettre *H* est complètement inutile, que ce n'est pas une consonne, et qu'on peut sans inconvénient la retrancher de l'alphabet, et la remplacer par un accent quelconque qui remplirait plus facilement son office.

Les anciens grammairiens avaient donné aux consonnes les noms de *Emm, Bé, Pé*, etc.; on a depuis longtemps déjà changé ces appellations, mais l'usage ne s'en est pas généralisé. On les a unifiées, c'est-à-dire qu'au lieu de faire tantôt précéder la consonne de la voyelle *è ouvert*, tantôt de la faire suivre de l'*é fermé*, on la fait toujours suivre de l'*e muet* et l'on dit *Me, Be, Pe*, etc., ce qui est plus rationnel; mais on se trouve devant une difficulté pour les consonnes qui ont plusieurs signes représentatifs, tels que *C* dur, *K, Q, C* doux et *S, G* doux et *J*, que l'on prononce *Ke, Se, Je*. Il y a alors confusion, on ne sait quelle consonne on désigne. En présence de cette difficulté on est revenu à l'ancienne appellation des lettres, mais il serait beaucoup plus juste, plus simple, de n'avoir qu'un signe pour représenter l'effet produit par la même disposition des agents formateurs de la parole.

RÈGLES DE LA FORMATION DES CONSONNES

PREMIER GROUPE

LES LABIALES

M, B, P

RÈGLE DE FORMATION DES CONSONNES DE CE GROUPE.

Pression des lèvres l'une contre l'autre ;
Détente.

M

Signes particuliers

Pression faible des lèvres ;
Résonnance de l'organe vocal ;
Absence complète de compression, dans la bouche, de la
colonne d'air qui sort des poumons ;
Sortie du son par le nez ;
Détente.

B

Signes particuliers.

Pression un peu plus forte des lèvres ;

Résonnance très courte de l'organe vocal, interrompue par le soulèvement du voile du palais qui ferme les conduits du nez ;

Compression presque instantanée de la colonne d'air dans la bouche, occasionnée par la fermeture des orifices de sortie ;

Détente un peu plus forte.

P

Signes particuliers.

Pression forte des lèvres ;

Absence complète de résonnance du larynx, occasionnée par la fermeture de la bouche et du nez ;

Compression instantanée de la colonne d'air ;

Détente forte.

DEUXIÈME GROUPE

DENTI-LABIALES

V, F

RÈGLE DE FORMATION DES DEUX CONSONNES DE CE GROUPE.

Pression de la lèvre inférieure contre les dents supérieures ;
Détente.

V

Signes particuliers

Pression de la lèvre inférieure contre les dents supérieures ;
Résonnance complète du larynx ;
Absence de compression de la colonne d'air ;
Sortie du son par l'étroit espace que la colonne d'air s'ouvre entre les dents et la lèvre ;
Détente.

F

Signes particuliers

Pression de la lèvre inférieure contre les dents supérieures ;
Absence de compression de l'air dans la bouche ;
Absence de résonnance du larynx, l'air sortant librement des poumons ;
Sifflement produit par le passage de l'air entre les dents et la lèvre ;
Détente.

TROISIÈME GROUPE

LES PALATO-LINGUALES

L, N, D, T; R; Z, C doux, **S, G** doux, **J,**
CH, ILL, GN, GU, CŒ,
QU, G dur, **C** dur, **K, Q, X.**

RÈGLE DE FORMATION DES CONSONNES DE CE GROUPE.

Pression de la langue contre diverses parties du palais et sur des surfaces plus ou moins grandes;
Détente.

Les consonnes étant formées par la pression de deux parties de la bouche et par leur séparation, ce groupe va montrer quelle diversité d'effets cette pression de la langue contre le palais peut produire en s'opérant :

1° Sur la partie antérieure du palais, c'est-à-dire sur les gencives internes de la mâchoire supérieure, sans vibrations de l'extrémité de la langue, ni sifflement.

Elle produit les consonnes *L, N, D, T.*

2° Sur cette même partie, mais pour obtenir des effets de vibration et de sifflement analogues à ceux qu'a donnés la pression de la lèvre inférieure et des dents supérieures dans la formation des denti-labiales *V* et *F.*

Elle produit ainsi la consonne *vibrante R ;* les consonnes à vibrations douces *Z, G* doux, *J ;* les *sifflantes C* doux, *S, CH*, et la *double consonne X.*

3° Sur le centre du palais ; elle donne naissance aux consonnes *ILL, GN, GU, QU.*

4° Enfin, sur le voile du palais ; elle forme les consonnes *G* dur, *C* dur, *K* et *Q*.

Les palato-linguales forment donc trois divisions bien distinctes, déterminées par la place de la bouche où se produit la pression de la langue contre le palais. Ce sont les palato-linguales antérieures, centrales et postérieures.

PREMIÈRE DIVISION

LES PALATO-LINGUALES ANTÉRIEURES

L, N, D, T, R, Z, C doux, S, G doux, J, CH

Signes caractéristiques

Pression de l'extrémité de la langue contre le palais, à la naissance des incisives supérieures ;

Détente.

L

Signes particuliers

Pression de la pointe de la langue contre le palais, à la naissance des incisives supérieures ;

Résonnance complète du larynx ;

Sortie du son par l'espace laissé libre entre le palais et chaque bord latéral de la langue ;

Absence de compression de la colonne d'air ;

Détente.

N

Signes particuliers

Pression de la langue contre la partie antérieure du palais ainsi que de ses bords latéraux contre les molaires supérieures, de manière à fermer le passage de la colonne d'air ;

Résonnance du larynx ;

Sortie du son par le nez, l'abaissement du voile du palais laissant ouverts les conduits nasaux ;

Absence de compression de l'air dans la bouche ;

Détente.

D

Signes particuliers

Pression un peu plus forte de l'extrémité de la langue contre le palais, à la naissance des incisives supérieures, ainsi que de ses bords latéraux contre les molaires supérieures, de manière à fermer le passage de a colonne d'air ;

Résonnance legère du larynx, qui cesse aussitôt que le voile du palais, en se soulevant, ferme les conduits du nez ;

Compression presque immédiate de la colonne d'air ;

Détente plus forte.

T

Signes particuliers

Pression forte de l'extrémité de la langue contre le palais, et de ses bords latéraux contre les molaires supérieures ;

Soulèvement du voile du palais ;

Absence complète de résonnance du larynx ;

Compression instantanée ;

Détente.

LA VIBRANTE **R**

Cette consonne est formée par les mouvements rapides et successifs que la colonne d'air communique à la pointe de la langue soulevée sans contraction aucune vers le palais.

Ces mouvements se divisent en soulèvements et abaissements légers. Leur rapidité produit une espèce de roulement qui a valu à cette consonne le nom de *vibrante*.

Signes particuliers

Soulèvements vers le palais et abaissements rapides de la pointe de la langue ;

Poussée assez forte de la colonne d'air, qui la fait vibrer fortement ;

Résonnance du larynx ;

Détente énergique.

Il existe une autre manière de prononcer la consonne *R*, mais on doit complètement l'éviter.

Elle consiste à faire vibrer le voile du palais contre la base de la langue.

C'est ce qui constitue le grasseyement.

On parviendra certainement à corriger cette prononciation défectueuse au moyen de l'exercice régulier qui va être décrit.

Comme ce défaut est produit par le manque de souplesse de l'extrémité de la langue, il s'agit de lui faire acquérir l'agilité nécessaire pour que les vibrations ne s'effectuent pas à sa base.

Pour arriver à ce résultat, on commencera par répéter chaque jour, aussi fréquemment que possible, les deux syllabes suivantes :

Te de, Te de, Te de, etc..... etc.....

De de, De de, De de, etc..... etc.....

Puis on augmentera le nombre de ces syllabes :

Te de de, Te de de, etc..... etc.....
De de de, De de de, etc..... etc.....
Te de de de, Te de de de, etc..... etc.....
De de de de, De de de de, etc..... etc.....

Enfin, lorsque, grâce à ces mouvements répétés rapidement, la langue aura acquis une certaine agilité, on remplacera la première consonne *T* ou *D* par toute autre susceptible de précéder la vibrante *R*, soit :

Fe de, Fe de, etc..... ou *Ve de, Ve de,* etc..... etc.....

Que l'on fera suivre ensuite de toutes les voyelles :

Fda Fda, Fda Fda, etc., *Bda, Bda, Bda,* etc.
Fdé Fdé Fdé, Fdé Fdé Fdé, etc.

Peu à peu, la langue acquerra la souplesse désirable, le rapprochement du palais s'effectuera sans raideur, et la vibration se produira.

Cet exercice régulier et constant donne toujours le résultat désiré.

LES PALATO-LINGUALES MURMURANTES ET SIFFLANTES

Z, C doux et S ; G doux, J et CH

Signes caractéristiques

Pression de la partie antérieure de la langue contre le palais ; au centre, un espace très étroit permet à la colonne d'air qui a mis en vibration les lèvres vocales de sortir en communiquant ces vibrations à l'extrémité de la langue pour les consonnes *Z, G* doux et *I, J* ;

Pour les consonnes sifflantes *C* doux, *S,* et *CH,* le larynx ne vibre pas et l'air s'échappe en produisant un sifflement.

Z, C doux, S

UNE MURMURANTE ET DEUX SIFFLANTES

Z

Signes particuliers

Retrait en arrière des lèvres, qui s'appuient contre les dents.

Soulèvement de la langue, dont la pointe s'abaisse légèrement pour permettre à la colonne d'air de sortir sans effort ;

Pression des bords latéraux de la langue contre le palais et les molaires ;

Résonnance du larynx qui communique ses vibrations à l'extrémité de la langue ;

Absence de compression ;

Détente.

C doux, S

Ces deux consonnes se prononcent absolument de la même manière.

Signes particuliers

Même disposition des lèvres et de la langue que pour la consonne précédente, c'est-à-dire :

Retrait des lèvres, qui s'appuient contre les dents ;

Soulèvement de la langue et pression de ses bords latéraux contre le palais et les molaires ;

Léger abaissement de la pointe de la langue, pour permettre à la colonne d'air de sortir sans effort, en produisant un sifflement ;

Absence de résonnance du larynx ;
Absence de compression ;
Détente.

G doux, J, CH

DEUX MURMURANTES ET UNE SFFLANTE

G doux, J

Ces deux consonnes se prononcent aussi de la même manière.

Signes particuliers

Avancement très prononcé des lèvres, qui s'écartent en prenant la forme du pavillon d'un instrument ;

Pression de la partie antérieure et des bords latéraux de la langue contre le palais et les molaires. Au centre, le passage de la colonne d'air s'est élargi un peu pour modifier le caractère de la vibration ;

Résonnance du larynx ;

Absence de compression ;

Détente.

CH

Signes particuliers

Même disposition des lèvres et de la langue que pour les deux consonnes précédentes, c'est-à-dire :

Avancement prononcé des lèvres, qui s'écartent de manière à représenter le pavillon d'un instrument ;

Pression des bords latéraux de la langue contre le palais et les molaires, pour empêcher sur les côtés la sortie de la colonne d'air et former au centre un canal, un peu plus large que pour *S*, dans lequel se produit le sifflement ;

Absence de résonnance du larynx ;

Absence de compression ;

Détente.

PALATO-LINGUALES CENTRALES

ILL, GN, GU doux, CŒ, QU

Signes caractéristiques

Pression de la partie centrale de la langue contre le centre de la voûte palatine.

Ces consonnes palato-linguales n'ont pas de signes graphiques pour les représenter; on est obligé d'employer deux lettres.

Ce sont cependant des consonnes simples, suivant la loi commune de formation des consonnes, une pression et une détente.

Il faut regretter la pauvreté de notre alphabet qui ne possède pas de signes pour désigner l'effet produit par cette pression et cette détente; mais il est presque impossible d'introduire, dans l'orthographe de notre langue, une réforme aussi grande que celle de la création de nouvelles figures représentatives.

ILL

Cette consonne procède de la voyelle aussi bien que de la consonne, c'est une consonne intermédiaire, aussi certains auteurs l'appellent-ils consonne-voyelle. Il y a d'ailleurs une voyelle qui reproduit exactement le même effet; c'est l'*y grec*.

Signes particuliers

Retrait des lèvres, qui s'appuient contre les dents ;
Soulèvement de la langue qui appuie sa partie centrale contre le centre de la voûte palatine, en laissant au milieu un étroit passage ;

Résonnance complète du larynx ;
Absence de compression ;
Détente.

GN

Signes particuliers

Pression de la partie centrale de la langue contre le centre du palais, et de ses bords latéraux contre les molaires, pour mettre un obstacle à la sortie du son par la bouche ;
Résonnance complète du larynx ;
Sortie du son par le nez : le voile du palais étant abaissé laisse libres les conduits nasaux ;
Absence complète de compression ;
Détente.

GU doux

Signes particuliers

Pression de la partie centrale de la langue contre la partie correspondante du palais, et de ses bords latéraux contre les molaires ;
Résonnance légère du larynx, interrompue presque instantanément par la fermeture des orifices de sortie ;
Compression presque immédiate de la colonne d'air ;
Détente.

CŒ, QU

Pression de la partie centrale de la langue contre la partie correspondante du palais, et de ses bords latéraux contre les molaires ;
Absence complète de résonnance du larynx déterminée par la fermeture des orifices de sortie ;
Compression de la colonne d'air ;
Détente.

PALATO-LINGUALES POSTÉRIEURES

G dur, C dur, K, Q

Signes caractéristiques.

Pression de la base de la langue contre le voile du palais.

G dur

Signes particuliers.

Pression de la base de la langue contre le voile du palais ;
Résonnance légère de l'organe vocal, interrompue presque immédiatement par la fermeture des orifices de sortie ;
Compression presque instantanée de la colonne d'air ;
Détente forte.

C dur, K, Q, QU, devant AO et OU

Ces trois consonnes se prononcent absolument de la même manière.

Signes particuliers

Pression forte de la base de la langue contre le voile du palais.

Absence complète de résonnance du larynx, les deux issues du son étant fermées ;
Compression complète et instantanée de la colonne d'air ;
Détente forte.

La connaissance de la règle de formation des consonnes de la seconde subdivision de ce groupe nous permet de répondre à une observation de Volney au sujet de l'impossibilité que l'on éprouve à prononcer *C* dur, *K*, *Q* et *G* dur devant *u*, *i*, *é*, de la même manière que devant *a*, *o*, *ou*.

Rien n'est cependant plus facile à expliquer.

Pour prononcer *G* dur, *C* dur, *K* et *Q*, devant *a*, *o*, *ou*, la base de la langue se soulève vers le voile du palais pour opérer la pression réclamée par chaque consonne, et, lorsque la détente s'opère, la bouche peut facilement prendre la forme qui produit ces voyelles auxquelles il faut ajouter *e* muet, oublié par Volney ; il suffit, pour cela, d'abaisser plus ou moins la mâchoire inférieure et la langue.

Il n'en est pas de même pour *u*, *i*, *é*, *è*.

Pour produire ces quatre voyelles, le centre de la langue se soulève vers le palais. Or, il est impossible de soulever presque en même temps, vers le palais, et la base de la langue pour former la consonne, et le milieu pour former la voyelle.

Les consonnes *Gu* et *Qu* étant le résultat de la pression centrale du palais et de la langue, celle-ci n'a qu'à s'abaisser graduellement pour donner naissance aux voyelles *u*, *i*, *é*, *è*.

Cette pression du centre de la langue contre le centre de la voûte palatine produit incontestablement d'autres consonnes que *G* dur, *C* dur, *K* et *Q*, et leur réunion en un groupe spécial serait nécessaire.

TABLEAU DES CONSONNES

	SONORES	DEMI-SONORES	MUETTES
LABIALES	M	B	P
DENTI-LABIALES MURMURANTE	V		
SIFFLANTE		F	
PALATO-LINGUALES A PRESSION SIMPLE	L, N	D	T
VIBRANTE	R		
MURMURANTES	Z, G doux, J		
SIFFLANTES		S, C doux CH, X	
CENTRALES	ILL GN	GU	QU
POSTÉRIEURES		G dur	C dur K, QU

LES VOYELLES

Les voyelles sont des sons simples, c'est-à-dire ayant une résonnanee propre à chacune d'elles, sans le secours d'une autre lettre.

Elles sont formées par une disposition spéciale des agents de la parole et par la sonorité produite par le passage, à travers le larynx, de la colonne d'air qui sort des poumons et met en mouvement la masse d'air contenue dans le tuyau vocal.

Pour que l'émission des sons ou voyelles soit parfaite, il faut que ces sons soient de la même qualité, c'est-à-dire que, partis du même point, le larynx, ils viennent se répercuter au même endroit de l'appareil résonnateur, soit à la courbe du palais au-dessus des dents supérieures.

A cette condition seule, on obtient une émission naturelle, sonore, agréable, et qui ne fatigue pas l'organe de la voix.

Il faut donc bien se garder de donner à la voyelle *A* un timbre guttural, comme plusieurs grammairiens le recommandent, puisqu'ils l'appellent voyelle du gosier.

On peut se convaincre aisément de l'erreur de cette

opinion, en répétant plusieurs fois de suite, dans une même respiration, les syllabes *ma* ou *pa*, telles que l'enfant les prononce, *ma, ma, ma, pa, pa, pa*, en portant le son dans les lèvres.

La prononciation de l'enfant n'a pas encore contracté de défauts : la voyelle se produit dans toute sa pureté : elle vient se briser sur la partie interne de la voûte palatine, à la naissance des dents, et le son n'en est nullement guttural.

Mais plus tard les mauvaises habitudes de prononciation surviennent, par suite de la contraction des muscles de la base de la langue, et détruisent ce que la nature avait si bien fait.

Il faut dès lors tâcher de revenir à la perfection première, et corriger un défaut qui sera d'autant plus difficile à vaincre qu'il aura été contracté depuis plus longtemps.

Or, pour corriger un défaut, on doit faire exactement le contraire de ce que l'on faisait ; au lieu d'étudier sur un son ouvert, qu'on ne parviendrait jamais à rectifier convenablement, il faut employer le son le plus fermé.

La voyelle qui réclame la plus grande capacité de la bouche est *A*, la plus petite est *I*. C'est donc par *I* qu'il faut commencer.

Il est d'ailleurs beaucoup plus logique de procéder ainsi ; la bouche, en s'ouvrant graduellement, produit tous les sons dans leur ordre strict d'émission.

Pour bien comprendre les règles de la formation des voyelles, il est nécessaire de se rendre compte du nombre et de la nature des modifications de forme que peut prendre la bouche, puisque chaque disposition spéciale des agents de la parole produit un groupe de voyelles de même nature, qui se modifient par le seul agrandissement de la capacité buccale.

Les dispositions spéciales, ou modifications de la forme

de la bouche, sont au nombre de trois. On les obtient :

1° Par le retrait en arrière des lèvres, qui viennent s'appliquer contre les deux mâchoires, et par l'appui de la langue derrière les dents inférieures.

Cette disposition produit les voyelles I, E fermé, la nasale IN, et E ouvert comme dans les mots *Nid*, *Fée*, *Fin*, *Fête*.

2° Par l'avancement des lèvres et de la langue qui vient s'appuyer derrière les dents inférieures, et dont le centre se soulève vers le centre de la voûte palatine.

Cette disposition produit la capacité qui donne naissance au groupe de voyelles composées de *U*, *EU* fermé, la nasale *UN*, *EU* ouvert ou *E*, comme dans les mots *But*, *Feu*, *Brun*, *Fleur*, *Je*, *Me*.

3° Par l'avancement très prononcé des lèvres rapprochées en forme de canal ; par le retrait en arrière de la pointe de la langue et par le soulèvement de sa base vers le palais.

Cette disposition produit le groupe de voyelles *OU*, *O* fermé, la nasale *ON*; et *O* ouvert comme dans les mots *Fou*, *Dôme*, *Bon* et *Flotte*.

La disposition des agents producteurs étant bien arrêtée, il suffit donc d'agrandir de trois dégrés leur diamètre vertical pour obtenir les quatre voyelles de chaque groupe.

A chaque abaissement d'un degré de la mâchoire inférieure la capacité s'agrandit et change la voyelle.

A ces quatre voyelles que produit chaque forme de la bouche, viennent s'en ajouter trois autres, qui complètent la liste des voyelles de la langue française : A clair comme dans *Page*, A normal comme dans *Mât* et sa nasale AN, comme dans *Banc*.

La voyelle *normale* est formée par l'ouverture normale de la bouche. Les lèvres sont placées devant les dents, comme lorsqu'elles sont au repos ; la langue est appuyée sur le plancher de la bouche, sans contraction aucune.

Lorsque la bouche est ouverte de manière à produire la voyelle A, on peut en augmenter l'ouverture jusqu'au maximum sans altérer la sonorité de cette voyelle *A*.

Il en est de même pour l'A clair.

Il résulte donc de ces diverses transformations de la capacité et de la forme de la bouche, que celle-ci sert à former trois groupes composés chacun de cinq voyelles, en y comprenant la nasale normale *A*, la voyelle *A* clair, et la nasale AN.

La bouche ne peut donc produire, en s'ouvrant verticalement, que cinq effets qui se renouvellent dans chacune des modifications de sa forme, ce qui avec l'y grec, dont les règles de formation seront indiquées plus loin, donne un total de seize sons simples, ayant une prononciation et un timbre bien distincts.

On doit remarquer que la langue française est la plus riche, en sonorités diverses, de toutes les langues de l'Europe ; que toutes ses sonorités sont excellentes lorsqu'on les émet bien. Ceux qui prétendent que plusieurs de ses voyelles sont désagréables, les prononcent certainement mal. Ce n'est donc pas la langue française qu'il faut rendre responsable de leur prononciation défectueuse.

DES VOYELLES NASALES.

Les nasales sont des sons simples qui doivent leur timbre particulier à l'abaissement du voile du palais, ce qui les fait résonner dans les cavités nasales.

Chaque nasale est la *relative* de l'un des groupes de voyelles que nous avons décrites et suit naturellement la même règle de formation.

Elles sont au nombre de quatre :

IN, AN, ON, UN

On décrie généralement les voyelles nasales. On leur fait le reproche d'avoir un son désagréable. Ce reproche est très mal fondé ; elles ne sont désagréables à entendre que lorsqu'elles sont mal émises.

Certains auteurs leur refusent même ce nom de voyelles ou sons simples.

Ce sont pourtant bien des sons simples ; car leur formation ne donne lieu à aucun mouvement ou détente, lorsqu'elles se trouvent placées devant une consonne ou à la fin des mots : *am*-bi-ti-*on*, *en*-vers, *imbu*, *insulte*, *ombre*, *onde*, les *Huns*. Toutes ces voyelles se produisent sans que le mouvement qui détermine les consonnes *M*, *N*, se manifeste.

On peut donc soutenir hardiment que, dans ce cas, ce sont réellement des voyelles.

Il n'en est pas ainsi lorsque ces sonorités se trouvent devant une voyelle ; alors le mouvement caractéristique des consonnes se fait sentir, et la voyelle se transforme en consonne.

● Mais la voyelle nasale est toujours indépendante de la consonne ajoutée ; on dit, *mon nami*, *ton nesclave*, etc.

Dans d'autres cas, la voyelle nasale à la fin d'un mot ne se lie pas à la voyelle suivante ; elle reste alors complètement voyelle ; exemple : *une ambition effrénée*, et non *une ambition neffrénée*.

Ne peut-on pas dire que les nasales devant une voyelle ne font entendre la consonne *N* que comme un *N* mis en apostrophe, de même que le *T* que l'on met entre deux voyelles pour éviter l'hiatus ?

Cette opinion est très admissible, car elle laisse aux sons nasaux leur qualité de voyelles.

Lorsque ces voyelles se trouvent dans le corps d'un mot suivies soit d'un M, soit d'un N, elles rentrent dans la règle commune, qui veut que toute voyelle suivie de consonnes redoublées devienne ouverte.

Les sons nasaux, dans ce cas, perdent leur qualité de voyelles.

Il se produit dans les organes de la parole le mouvement qui détermine les consonnes ; les lèvres se séparent pour former *M*, ou bien la langue, après s'être appuyée contre le palais, s'en détache brusquement pour donner naissance à *N*.

Exemples : *ammonite, année, ennemi, immonde, innocent*.

Il faut faire une exception pour les mots qui emploient *M* redoublé précédé de *E*, comme *emmener, emménager*, etc., et pour *EN* dans le mot *ennui* et ses dérivés.

Les nasales étant les relatives de chacun des groupes de voyelles seront ajoutées dans chaque groupe à leur place d'ouverture.

PREMIER GROUPE

I, E fermé, IN, E ouvert

Voyelle fondamentale, *I*, *Nid.*
Voyelle fermée, *E* fermé, *Thé.*
Voyelle nasale *IN*, *Fin.*
Voyelle ouverte, *E*, *Fête.*

RÈGLE GÉNÉRALE DE FORMATION DES VOYELLES DE CE GROUPE

Retrait en arrière et appui des lèvres contre les dents des deux mâchoires ;

Appui de l'extrémité de la langue derrière les dents inférieures.

RÈGLE PARTICULIÈRE

PREMIER DEGRÉ D'OUVERTURE VERTICALE

I, *Nid*

Retrait en arrière et appui des lèvres contre les dents, comme pour le sourire ;

Abaissement d'un degré de la mâchoire inférieure ;

Appui de la pointe de la langue derrière les dents inférieures et soulèvement de son centre contre la partie centrale du palais, en laissant au milieu un passage resserré pour la sortie du son ;

Mise en vibration de l'organe vocal.

DEUXIÈME DEGRÉ D'OUVERTURE VERTICALE

E fermé, *Thé*, AI, ER, ET, EZ, etc.

Retrait en arrière et appui des lèvres contre les dents, comme dans le sourire ;

Abaissement d'un deuxième degré de la mâchoire inférieure ;

Appui de la pointe de la langue derrière les dents inférieures et soulèvement de son centre en forme de dôme ;

Mise en vibration de l'organe vocal.

TROISIÈME DEGRÉ D'OUVERTURE VERTICALE

La nasale IN *et ses similaires*

IM, IN, EN, AIM, AIN, EIN

IMBU   INDIEN   ESSAIM   PAIN   SEIN

Cette nasale *IN*, que certains grammairiens anciens ont omise, demande pour sa formation le retrait des lèvres en arrière, comme pour celle de l'*I*. Les lèvres se tendent fortement sur les dents ; la langue, dont le centre forme un soulèvement très prononcé, appuie son extrémité contre l'intérieur des dents de la mâchoire inférieure ; abaissement d'un troisième degré de la mâchoire inférieure ; mise en vibration de l'organe vocal.

QUATRIÈME DEGRÉ D'OUVERTURE VERTICALE

E ouvert, *Fête*, AI, AIS, AIT, ET, etc.

Retrait en arrière et appui très prononcé des lèvres contre les dents ;

Abaissement d'un quatrième degré de la mâchoire inférieure ;

Appui de la pointe de la langue derrière les dents inférieures et soulèvement de sa partie centrale ;

Mise en vibration de l'organe vocal.

CINQUIÈME DEGRÉ D'OUVERTURE VERTICALE

Voyelle claire A, *Page*

Le cinquième degré d'ouverture verticale de la bouche produit, pour compléter les voyelles du premier groupe, la voyelle *A* ouvert, qui se distingue de l'*A* normal par un timbre plus clair. Pour cette raison il sera appelé désormais *A* clair, car la qualification d'*ouvert* n'est pas juste ; la capacité de la bouche étant moins grande que pour l'*A* normal et l'espace entre la langue et le palais plus étroit ;

Tension des lèvres sur les dents des deux mâchoires ;

Appui de l'extrémité de la langue, derrière les dents inférieures ; et soulèvement de sa partie centrale ;

Mise en vibration de l'organe vocal.

Y grec

VOYELLE INTERMÉDIAIRE

A ce groupe, il faut ajouter l'*Y* grec.

Cette voyelle offre une particularité qu'il est intéressant

de remarquer ; elle procède à la fois de la voyelle et de la consonne.

Elle est complètement voyelle quand elle a la même prononciation que l'*i*, dans les mots dérivés du grec : *pyrite, physique, pyroscaphe,* etc.

Dans beaucoup de mots elle se décompose en deux *i*, qui font presque toujours partie d'une diphtongue. Dans le mot *royaume*, le premier *i* entre dans la composition de la première syllabe : *roi-iaume ;* car on ne dit pas *ro-yaume*. Cette voyelle se trouve ainsi à cheval sur deux syllabes.

On peut aussi représenter l'effet qu'elle produit, avec les deux *ll* mouillés, c'est-à-dire précédés d'un *i*. Les mots *croyant, bouillant,* produisent identiquement le même effet. La pression de la langue contre le palais s'opère à la même place, et la détente qui la termine lui donne le caractère d'une consonne.

On peut donc admettre que cette lettre sert de trait d'union entre les consonnes et les voyelles.

Lorsqu'elle est devant une consonne, elle a la même prononciation que l'*i*, il est inutile alors d'en donner la règle de formation.

Mais, devant une voyelle, il se produit un double effet dont voici la description.

RÈGLE DE FORMATION

Retrait des lèvres, qui s'appuient contre les dents ;

Premier degré d'ouverture verticale ;

Appui de l'extrémité de la langue derrière les dents de la mâchoire inférieure ;

Appui de la moitié antérieure de la langue contre le palais ;

Mise en vibration de l'organe vocal ;

Détente.

3.

DEUXIÈME GROUPE

U, EU fermé, UN, EU ouvert ou E

Voyelle fondamentale, *U*, *But*.
Voyelle fermée, *EU* fermé, *Feu*.
Voyelle nasale, *UN*, *Brun*.
Voyelle ouverte, *EU* ouvert, *Fleur*, ou *E*, *Je*, *Me*.

RÈGLE GÉNÉRALE DE FORMATION DES VOYELLES DE CE GROUPE

Avancement très prononcé des lèvres ;
Avancement de la langue, qui appuie sa pointe derrière les dents de la mâchoire inférieure.

RÈGLES PARTICULIÈRES

PREMIER DEGRÉ D'OUVERTURE VERTICALE

U, *But*

Avancement très prononcé des lèvres et de la langue, dont l'extrémité s'appuie derrière les dents de la mâchoire inférieure, tandis que ses bords latéraux postérieurs se soulèvent vers les molaires supérieures ;

Abaissement d'un degré de la mâchoire inférieure ;
Mise en vibration de l'organe vocal.

DEUXIÈME DEGRÉ D'OUVERTURE VERTICALE

EU fermé, *Feu*

Avancement très prononcé des lèvres et de la langue, dont l'extrémité s'appuie derrière les dents de la mâchoire inférieure et dont les côtés latéraux restent appuyés contre les molaires ;

Abaissement d'un second degré de la mâchoire inférieure ;

Mise en vibration de l'organe vocal.

TROISIÈME DEGRÉ D'OUVERTURE VERTICALE

Voyelle nasale UN, *Brun*

Même forme de la bouche que pour la voyelle précédente.

Abaissement d'un troisième degré de la mâchoire inférieure ;

Ouverture des lèvres ;

Mise en vibration de l'organe vocal.

QUATRIÈME DEGRÉ D'OUVERTURE VERTICALE

EU ouvert, *Peur*; E, *Je*, *Me*, *Te*, etc.

Avancement des lèvres et de la langue, qui reste appuyée derrière les dents inférieures, tandis que ses côtés latéraux sont forcés de se séparer des molaires supérieures ;

Abaissement d'un quatrième degré de la mâchoire inférieure ;

Mise en vibration de l'organe vocal.

Cette voyelle ouverte qui se trouve dans les mots *fleur*, *peur*, etc., et qui s'écrit avec deux lettres, est représentée aussi par un seul signe dans l'intérieur et à la fin des mots, comme *relever*, *rejeter*, *rose*, *chose*, et dans les monosyllabes *je*, *me*, *te*, *se*, *le*. La prononciation de *eu* ouvert et de *e*, qu'on appelle à tort *muet*, est absolument la même, et c'est une grande faute de prononcer, comme on le fait trop souvent, *jeu*, *meu*, *teu*, *seu*, *leu*.

On dit : une ros*e*, une chós*e*; et non : un*eu* ros*eu*, un*eu*, chos*eu*.

CINQUIÈME DEGRÉ D'OUVERTURE VERTICALE

Voyelle normale **A**, *Mât*

Arrivée au quatrième degré d'ouverture, la bouche, en conservant les lèvres légèrement avancées, produit la voyelle *EU* ouvert.

Pour donner naissance à la voyelle normale *A* du mot *Mât*, il suffit de ramener les lèvres sur les dents, en même temps qu'on agrandit d'un degré l'ouverture verticale de la bouche; et de laisser la pointe de la langue reprendre sa position calme, de même que lorsque la bouche est fermée.

Voici le résumé de la règle de formation de cette voyelle :

Cinquième degré d'ouverture verticale ;

Appui, sans contraction, des lèvres sur les dents des deux mâchoires ;

Disposition, sur le plancher de la bouche, de la langue bien aplatie, sans contraction ni soulèvement au centre ;

Mise en vibration de l'organe vocal.

TROISIÈME GROUPE

OU, O fermé, ON, O ouvert

Voyelle fondamentale, *OU*, *Fou*.
Voyelle fermée, *O fermé*, *Dôme*.
Voyelle nasale, *ON*, *Bon*.
Voyelle ouverte, *O ouvert*, *Flotte*.

RÈGLE GÉNÉRALE DE FORMATION DES VOYELLES DE CE GROUPE

Avancement très prononcé des lèvres ;
Retrait en arrière de l'extrémité de la langue et soulèvement de sa partie postérieure vers le palais.

RÈGLES PARTICULIÈRES

PREMIER DEGRÉ D'OUVERTURE VERTICALE

OU, *Fou*

Avancement très prononcé des lèvres, comme pour l'action de siffler ;
Abaissement d'un degré de la mâchoire inférieure ;
Abaissement de l'extrémité de la langue dont la partie

postérieure se soulève vers le palais, en laissant au centre un passage pour le son. En se soulevant, la base de la langue, dont les bords latéraux sont appuyés contre les molaires supérieures, entraîne légèrement en arrière la pointe qui se trouve ainsi écartée des dents ;

Mise en vibration de l'organe vocal, dont les sons doivent être dirigés vers le canal ou tuyau formé par les lèvres.

DEUXIÈME DEGRÉ D'OUVERTURE VERTICALE.

O fermé, *Dôme*, AU, EAU, AUT, AULT, etc.

Avancement très prononcé des lèvres ;

Abaissement d'un second degré de la mâchoire inférieure, sans augmentation sensible de l'ouverture des lèvres ;

Abaissement de l'extrémité de la langue, dont la base reste soulevée vers le palais ;

Mise en vibration de l'organe vocal.

TROISIÈME DEGRÉ D'OUVERTURE VERTICALE.

Voyelle nasale OM, *Ombre*, ON, *Bon*.

Avancement très prononcé des lèvres ;

Abaissement d'un troisième degré de la mâchoire inférieure, avec une ouverture plus grande des lèvres ;

La base de la langue reste soulevée vers le palais ;

Mise en vibration de l'organe vocal.

QUATRIÈME DEGRÉ D'OUVERTURE VERTICALE.

O ouvert, *Flotte*

Avancement très prononcé des lèvres ;

Abaissement d'un troisième degré de la mâchoire inférieure ;

La langue suit naturellement ce mouvement, qui détermine un plus grand espace entre elle et le palais ;

Léger avancement de l'extrémité de la langue, afin de
l'amener à la position normale, pour le cinquième degré
d'ouverture ;

Mise en vibration de l'organe vocal.

CINQUIÈME DEGRÉ D'OUVERTURE VERTICALE.

Voyelle nasale **AM, AN, EM, EN**
AMBRE   ANGE   EMBLÈME   ENJEU

Léger retrait des lèvres qui reprennent la position
normale ;

Abaissement d'un degré de la mâchoire inférieure ;

Position normale de la langue, sans soulèvement ni
retrait en arrière, elle se pose naturellement derrière les
dents de la mâchoire inférieure ;

Mise en vibration de l'organe vocal.

TABLEAU DES VOYELLES

FONDAMENTALES	FERMÉES	NASALES	OUVERTES	NORMALE
I NID	**E** fermé TH	**IN** FIN	**È** ouvert FÊTE	**A** clair PAGE
U BUT	**EU** fermé FEU	**UN** BRUN	**EU** ou **E** FLEUR, JE, ME	**Â** MÂT
OU FOU	**Ô** DÔME	**ON** BON	**Ò** FLOTTE	**AN** nasal BANC

LES DIPHTONGUES

Les diphtongues sont un assemblage de deux sons simples prononcés en une seule émission de voix.

Cette rapidité d'émission permet de les considérer dans la poésie comme une seule syllabe, quoiqu'on doive entendre très distinctement les deux voyelles qui les composent.

Sauf quelques exceptions, les diphtongues procèdent du son le plus fermé au plus ouvert.

Il ne faut pas confondre les diphtongues avec les assemblages de plusieurs sons simples qui ne font entendre à l'oreille qu'un son unique, tels que, *ai, aie, ou, eu*, etc.

Exemple : *vrai, vraie*, que l'on prononce comme l'*è* ouvert, *Fou, Feu*.

Comme les diphtongues sont composées de deux voyelles distinctes, chacune d'elles suit la règle de formation qui lui est propre, et qui a été décrite précédemment.

On peut trouver un grand nombre de combinaisons de deux voyelles, mais beaucoup d'entre elles ne forment pas diphtongue, ce sont deux sons séparés, qui comptent pour deux pieds dans la versification. Il ne faut pas, par conséquent, les mettre au nombre des diphtongues ; ils ne sont pas le résultat d'une seule émission de voix.

Voici la liste, aussi complète que possible, des diverses combinaisons de deux voyelles qui, étant formées par une seule émission de voix, produisent les diphtongues.

On remarque que dans le nombre il s'en trouve qui emploient les doubles consonnes *ll* avec le son mouillé ; ceci prouve la justesse de l'opinion qui a été émise au sujet de l'*y* grec et des *ll* mouillés ; ce sont autant des voyelles que des consonnes ; elles tiennent de la voyelle par la sonorité et de la consonne par le mouvement.

Il faut remarquer aussi les Diphtongues qui emploient l'*y* grec, et qui offrent cette particularité qui a été déjà signalée, de se dédoubler et de se faire entendre dans deux syllabes, comme dans les mots *paya, crayon, royaume,* qui se prononcent *pai-ia, crai-ion, roi-iaume,* et non, *pa-ya, cra-yon, ro-yaume.*

L'*y* grec du mot *pays* offre la même particularité, il renferme le caractère de la consonne, c'est-à-dire, la détente, après l'appui de la langue contre le palais : détente suivie de l'effet des consonnes mouillées *ll*, précédées de *i*, ce qui peut faire analyser ainsi la prononciation de ce mot et de ses dérivés, *pai-illi.*

TABLEAU DES DIPHTONGUES

illi	fouillis.	**ya**		paya.
y	pays.	**illu**		feuillu.
ié	pitié.	**ieu**		lieu.
ied	pied.	**illeu** *fermé*		périlleux.
ier	lier.	**yeu** *fermé*		yeux.
yé	payé.	**illeu** *ouvert*		tailleur.
iai	brillai.	**yeu** *ouvert*		payeur.
iè	fièvre.	**iâ**		diable.
iet	miette.	**iaille**		piailler.
illet	billet.	**iou**		chiourme.
iais	biais.	**illou**		caillou.
illait	pillait.	**you**		voyou.
yaît	fuyait.	**iô**		idiome.
ier	fier.	**yô**		Pyose.
ien	bien.	**iau**		piauler.
ia	fiacre.	**illau**		Guillaume.
illa	tailla.	**yau**		tuyau.

ion.	lion.	uan	chat-huant
illon.	bataillon.	euil.	treuil.
yon	crayon.	œil.	œil.
io.	médiocre.	oue.	boue.
illo.	mailloche.	oi *large*	mois.
yo	yole.	oui.	Louis.
ian.	viande.	oué,	bafoué.
illan.	brillant.	oin.	loin.
yan.	croyant.	ouin.	babouin.
ien.	patient.	ouet.	fouet,
eil	réveil.	ouai.	ouais !
ail	travail.	oi *clair*	loi.
ay	aye.	ouà.	couac.
ui.	lui.	ouâ.	pouah !
ué	hué.	ouan.	chouan.
uai.	tuai.	ouil	houille.
uin.	juin.	oy	hoyau.
ué.	écuelle	oè.	moelle.
uait	tuait	oa	oasis.
ua.	tua.	oail	Noailles.
ue.	vue.	aille.	bataille.

Ainsi se termine l'étude des voyelles.

ENSEIGNEMENT DE LA LECTURE

Une fois ces principes posés, il est très facile de les appliquer à l'enseignement de la lecture.

Le professeur démontrera à ses élèves la formation de la première syllabe qu'ils ont prononcée, *ma*.

Il leur expliquera que l'effet produit par la bouche fermée, lorsque l'on fait résonner la voix, est représenté par la lettre M. Il fera lui-même cette consonne sonore, en la tenant aussi longtemps qu'il le pourra : puis il ouvrira la bouche pour former la voyelle A ; et fera répéter plusieurs fois cet exercice.

Lorsque les élèves connaîtront bien ces deux lettres, il leur enseignera, le premier jour, le premier groupe de voyelles précédées de cette première consonne labiale qu'ils connaissent. m-i, m-é, m-in, m-è, m-à.

Il expliquera que les voyelles qui sont représentées par deux lettres ne forment qu'un son ; et les enfants apprendront aussi facilement ces voyelles à deux lettres que les autres.

Le second jour, il continuera de la même manière pour le second groupe des voyelles, puis il les réunira au premier : m-u, m-eu, m-un, m-e, m-â.

M-i, m-é, m-in, m-è, m-à, m-u, m-eu, m-un, m-e, m-â.

Le troisième jour, enfin, il terminera l'étude des quinze voyelles, par le troisième groupe m-ou, m-ô, m-on m-ò, m-an.

Il reprendra les deux premiers groupes et les réunira au troisième.

Mi, mé, m-in, mè, mà, mu, m-eu, m-un, me, mâ, m-ou, m-ô, m-on, m-ò, m-an.

Il continuera de la même façon pour les autres consonnes labiales, et chacun des groupes de consonnes dans l'ordre de formation.

On ne peut prétendre qu'il y a là une difficulté; lorsqu'une méthode analogue est appliquée en Allemagne; et que l'École des sourds-muets de l'avenue de Villiers parvient à apprendre à parler à ces pauvres enfants déshérités.

Lorsque les enfants connaîtront bien les quinze voyelles, ils sauront bien vite les consonnes, car ils répéteront, à la suite, quinze fois la même, et c'est plus qu'il ne faut pour les graver dans leur mémoire.

Il sera facile de faire des tableaux divisés par journées d'étude; tableaux qu'il est inutile de donner ici.

Il est donc bien établi que les consonnes sont le résultat de la mise en contact de deux parties de la bouche et de leur séparation; que les voyelles sont produites par une capacité déterminée de la bouche, capacité qui varie, suivant les différentes formes qu'elle peut prendre, en s'ouvrant et en se refermant.

En réunissant ces deux agents, on compose des syllabes qui forment les mots.

Ces syllabes vont être classées par ordre de formation dans le tableau suivant :

TABLEAU DES SYLLABES

COMPOSÉES D'UNE CONSONNE ET D'UNE VOYELLE

LABIALES

Mi	Mé	Min	Mè	Mà
Mu	Meu	Mun	Me	Mâ
Mou	Mô	Mon	Mô	Man
Bi	Bé	Bin	Bè	Bà
Bu	Beu	Bun	Be	Bâ
Bou	Bô	Bon	Bô	Ban
Pi	Pé	Pin	Pè	Pà
Pu	Peu	Pun	Pe	Pâ
Pou	Pô	Pon	Pô	Pan

DENTI-LABIALES

Vi	Vé	Vin	Vè	Và
Vu	Veu	Vun	Ve	Vâ
Vou	Vô	Von	Vô	Van
Fi	Fé	Fin	Fè	Fà
Fu	Feu	Fun	Fe	Fâ
Fou	Fô	Fon	Fô	Fan

PALATO-LINGUALES ANTÉRIEURES

Li	Lé	Lin	Lè	Là
Lu	Leu	Lun	Le	Lâ
Lou	Lô	Lon	Lô	Lan
Ni	Né	Nin	Nè	Nà
Nu	Neu	Nun	Ne	Nâ

Nou	Nô	Non	Nô	Nan
Di	Dé	Din	Dè	Dà
Du	Deu	Dun	De	Dâ
Dou	Dô	Don	Dô	Dan
Ti	Té	Tin	Tè	Tà
Tu	Teu	Tun	Te	Tâ
Tou	Tô	Ton	Tô	Tan
Ri	Ré	Rin	Rè	Rà
Ru	Reu	Run	Re	Râ
Rou	Rô	Ron	Rô	Ran
Zi	Zé	Zin	Zè	Zà
Zu	Zeu	Zun	Ze	Zâ
Zou	Zô	Zon	Zô	Zan
Gi	Gé	Gin	Gè	Geà
	Geu		Ge	Geâ
Ji	Jé	Jin	Jè	Jà
Ju	Jeu	Jun	Je	Jâ
Jou	Jô	Jon	Jô	Jan
Ci	Cé	Cin	Cè	Çà
Çu	Ceu	Çun	Ce	Çà
Çou	Çô	Çon	Çô	Çan
Si	Sé	Sin	Sé	Sà
Su	Seu	Sun	Se	Sâ
Sou	Sô	Son	Sô	San
Chi	Ché	Chin	Chè	Chà
Chu	Cheu	Chun	Che	Châ
Chou	Chô	Chon	Chô	Chan
Xi	Xé	Xin	Xè	Xà
Xu	Xeu	Xun	Xe	Xâ
Xou	Xô	Xon	Xô	Xan

CENTRALES

Illi	Illé	Illin	Illè	Illà
Illu	Illeu	Illun	Ille	Illâ

Illou	Illô	Illon	Illò	Illan
Y	Yé	Yin	Yè	Yà
Yu	Yeu	Yun	Ye	Yâ
You	Yô	Yon	Yô	Yan
Gni	Gné	Gnin	Gnè	Gnà
Gnu	Gneu	Gnun	Gne	Gnâ
Gnou	Gnô	Gnon	Gnô	Gnan
Gui	Gué	Guin	Guè	Guà
Gu	Gueu	Gun	Gue	
Qui	Que	Quin	Què	
Qu	Queu	Quun	Que	

POSTÉRIEURES

Gou	Gô	Gon	Gô	Gâ	Gan
Cou	Cô	Con	Cô	Câ	Can
Kou	Kô	Kon	Kô	Kâ	Kan

ÉMISSION DE LA VOIX

L'organe vocal est un instrument très fragile qu'une mauvaise émission des voyelles peut compromettre pour toujours.

L'émission naturelle de la voix est donc le but auquel il faut s'efforcer d'atteindre, afin de conserver aux enfants leur voix dans sa pureté première, non seulement jusqu'à la mue, mais encore lorsque leur voix sera formée.

En se conformant aux prescriptions suivantes, on pourra facilement enseigner cette science réputée jusqu'à présent si difficile à formuler.

Les règles indiquées donneront à la voix des enfants, l'homogénéité, cette qualité première de l'émission de la voix, tout en conservant à chacune d'elles son timbre particulier; et comme cette émission est conforme à la loi naturelle, l'instrument vocal fonctionnera librement et sans fatigue.

PARTIE PRATIQUE

Pour acquérir l'homogénéité dans l'émission de toutes les voyelles, le moyen le plus certain, le seul infaillible, est de s'exercer a produire d'abord les voyelles les plus fermées, de bien remarquer la place où le son fait sentir ses vibrations, et de faire résonner toutes les autres voyelles à la même place.

Pour reconnaître cette place de résonnance naturelle, il faut faire parler l'organe vocal seul, c'est-à-dire, sans addition de voyelle ; c'est ce qu'on appelle fredonner à bouche fermée.

Pour obtenir ce résultat, on fait résonner le larynx en laissant la bouche fermée et les agents de la parole complètement inertes.

Les lèvres sont au repos à la position normale ; les mâchoires placées l'une au-dessus de l'autre sont sans contraction.

Les vibrations viennent se répercuter dans la bouche, à la courbe de la voûte palatine, au-dessus des dents supérieures ; c'est la place de résonnance naturelle de la voix, celle vers laquelle il faut diriger toutes les voyelles.

Mais on ne parle pas la bouche fermée ; de plus, le son, ne trouvant pas d'issue par la bouche, est obligé de s'échapper par le nez ; il faut nécessairement le ramener vers les lèvres, et pour obtenir le même effet qu'avec la bouche fermée, opposer à sa sortie un obstacle qu'il doit franchir, ce qui s'obtient en employant la consonne sonore *V* prolongé.

La lèvre inférieure vient se serrer contre les dents supérieures, et le son, pour sortir, est obligé de forcer le passage, ce qui produit la consonne *V* que l'on prolonge en continuant les vibrations du larynx, tout en laissant la lèvre inférieure en contact avec les dents supérieures ; puis, on retire les lèvres en arrière, ce qui les appuie contre les dents, et l'on abaisse la mâchoire inférieure, la lèvre inférieure se détache alors des dents supérieures, et, immédiatement, il se forme une voyelle, la fondamentale du premier groupe, la voyelle I.

Il faut répéter plusieurs fois cette syllabe, *V I*, dans la même respiration, pour bien se familiariser avec la place de résonnance naturelle de la voyelle et tenir longtemps la dernière syllabe; cette tenue de la voyelle sera représentée par le signe suivant : —

EXEMPLE : *Vi Vi, Vi Vi, Vi Vi, Vi Vi, Vi.* —

Pour donner plus de régularité à cet exercice, on le fera pendant quatre temps complets, deux syllabes par temps, et l'on maintiendra la dernière syllabe, qui commencera une seconde mesure à 4 temps.

Lorsqu'on arrive à la fin de la respiration, il suffit d'abaisser la mâchoire inférieure d'un degré, pour que la voyelle *I* se change en *É* fermé.

On réunit alors les deux voyelles de cette façon : Vi é. On prend une nouvelle respiration et l'on recommence en répétant ces deux voyelles pendant une mesure et demie, comme il a été dit plus haut.

EXEMPLE : *Vié, ié, ié, ié, ié.* —

On abaisse encore la mâchoire inférieure d'un degré, et la voyelle *É* fermé se change en *È* ouvert que l'on répète de la même manière.

EXEMPLE : *Vé è, é è, é è, é è, é ê.* —

Puis un nouvel abaissement de la mâchoire inférieure fait changer cet *E* ouvert en *A* clair, qui possède une émission parfaite si l'on n'a pas changé la place de résonnance indiquée par la voyelle *I*.

EXEMPLE : *Vé à, è à, è à, è à, è à.* —

Il faut répéter plusieurs fois le groupe entier, en conservant toujours aux voyelles, avec le plus grand soin, cette place de résonnance et en évitant toute attaque du larynx; les voyelles doivent se succéder en se formant par la seule modification de l'ouverture de la bouche.

EXEMPLE : *Vié è à, i é è à, i é è à, i é è à.* —

Pour passer au second groupe, et se rendre un compte exact de la cause qui produit la différence existant avec le premier, il faut disposer la bouche comme pour la voyelle fondamentale *I*; les lèvres sont entr'ouvertes, et retirées contre les dents, la langue est placée derrière les dents de la mâchoire inférieure, le centre soulevé vers le palais; il suffit d'avancer les lèvres, en les rapprochant de façon à former un canal étroit, pour que la voyelle *I* se change en *U*, voyelle fondamentale du second groupe, ce seul mouvement en avant des lèvres a suffi pour opérer ce changement.

EXEMPLE : *Iu, iu, iu, iu, iu.* —

On suit la même marche que pour le premier groupe, et l'on obtient par le second abaissement de la mâchoire inférieure la voyelle fermée *EU* fermé.

EXEMPLE : *Vu eu, u eu, u eu, u eu, u eu.* —

par le troisième abaissement, on produit la voyelle *EU* ou *E*. Il faut toujours prononcer cette dernière voyelle comme *Eu* le dans mot fleur.

EXEMPLE : *Vcu e eu e eu e eu e eu e.* —

En ouvrant la bouche d'un quatrième degré, et en replaçant les lèvres et la langue dans leur position normale, on produit la voyelle normale *A*.

On répète ensuite le groupe entier, en maintenant toutes les voyelles à la même place d'émission.

EXEMPLE : *Vu eu e a, u eu e a, u eu e a, u eu e a, u eu e a.* —

En donnant à la bouche la disposition qui produit la fondamentale du deuxième groupe, *U*, si l'on conserve aux lèvres la même forme et si par un léger mouvement en arrière la langue cesse d'appuyer sa pointe contre les dents inférieures, la fondamentale *U* se change en *O u.*

En abaissant d'un degré, la voyelle *ou* se change en *ô* fermé.

EXEMPLE : *Vou ô, ou ô, ou ô, ou ô, ou ô.* —

Le troisième degré d'ouverture modifie la voyelle *ô* fermé en *o* ouvert.

Pour bien indiquer la prononciation de cette dernière voyelle, on la surmontera d'un accent grave, comme l'on fait pour l'*à*.

Les Italiens ont adopté cet accent sur l'*O*; il serait peut-être bon de faire comme eux. Ainsi, ils écrivent *farò*, *amerò*, etc.

EXEMPLE : *Vou ô ò, ou ô ò, ou ô ò, ou ô ò, ou ô ò.* —

En replaçant les lèvres dans la position calme, normale, c'est-à-dire, ni reculées, ni avancées, et en abaissant d'un autre degré la mâchoire inférieure, l'*o* ouvert se modifie et devient l'*A* normal, qui sera, pour l'étude, surmonté de l'accent circonflexe, afin de bien le distinguer de l'*A* clair.

On étudiera alors le groupe entier en liant toutes les voyelles les unes aux autres.

EXEMPLE : *Vou ô ò â, ou ô ò â, ou ô ò â, ou ô ò â, ou ô ò â.*

Lorsque l'on sera bien sûr de l'ordre de formation de chaque groupe, on les réunira tous en un seul, en supprimant les consonnes, excepté la première qui facilite l'émission du premier son; et l'on opérera ainsi : *Vi é è à u eu e â, ou ô ò â* —, que l'on dira plusieurs fois de suite.

On emploiera, dans les excercices suivants, les consonnes denti-labiales, parce qu'elles amènent forcément le son dans les lèvres, mais il faut aussi étudier les autres consonnes et les substituer aux deux denti-labiales *V* et *F*, en les articulant très nettement.

On ne saurait trop recommander de n'attaquer les consonnes que par la pression de leurs agents formateurs, sans jamais les prendre en dessous; et de conserver aux voyelles, la même place de résonnance, afin d'obtenir des sons bien homogènes.

EXERCICES D'ÉMISSION

Au premier abord, ces exercices paraîtront compliqués; mais, après quelques essais, on se convaincra que la difficulté n'est qu'apparente et qu'au contraire on les exécute très aisément.

PREMIER GROUPE

Après avoir opéré, par l'abaissement d'un degré de la mâchoire inférieure, le changement de la voyelle, il faut la prolonger un peu, afin de pouvoir bien juger la qualité du son.

I, É fermé, È ouvert, A clair

Fi Fi Fi Fi Fi Fi Fi Fi é —
Fé Fé Fé Fé Fé Fé Fé è —
Fè Fé Fè Fè Fè Fè Fè à —
Fà Fà Fà Fà Fà Fà Fà -
Fi é Fi é Fi é Fi é Fi é Fi é —
Fi é ê Fi é ê Fi é ê Fi é ê Fi é ê à —
Fi é ê à Fi é ê à Fi é ê à Fi é ê à —

DEUXIÈME GROUPE

U, EU fermé, EU ouvert ou E

Vu Vu Vu Vu Vu Vu Vu Vu Vu eu —
Veu Veu Veu Veu Veu Veu Veu e —

Il faut bien faire attention de donner à l'*E* qu'on appelle à tort *muet*, le même son que l'*eu* ouvert du mot *fleur*.

Ve Ve Ve Ve Ve Ve Ve Ve â —
Vâ Vâ Vâ Vâ Vâ Vâ Vâ Vâ —
Vu eu Vu eu Vu eu Vu eu Vu eu Vu eu e —
Vu eu e Vu eu e Vu eu e Vu eu e â —
Vu eu e â Vu eu e â Vu eu e â Vu eu e â —

TROISIÈME GROUPE

OU, O fermé, O ouvert

Vou Vou Vou Vou Vou Vou Vou Vou Vou ô —
Vô Vô Vô Vô Vô Vô Vô Vô Vô Vô Vô —
Vò Vò Vò Vò Vò Vò Vò Vò â —
Vâ Vâ Vâ Vâ Vâ Vâ Vâ Vâ Vâ —
Vou ô Vou ô Vou ô Vou ô Vou ô ò —
Vou ô ò Vou ô ò Vou ô ò Vou ô ò Vou ô ò â —
Vou ô ò â Vou ô ò â Vou ô ò â Vou ô ò â —

On peut multiplier autant qu'on le veut ces exercices en réunissant les voyelles des trois groupes et former ainsi des groupes avec les fondamentales, avec les voyelles fermées ou avec les voyelles ouvertes, de cette manière :

Vou u i Vou u i Vou u i —
Vô eu é Vô eu é Vo eu é —
Vô e è Vô e è Vô e è —

Puis mélanger les différents groupes en changeant les consonnes, et en y joignant les nasales, pour lesquelles on procédera de la même manière que pour les autres voyelles.

Mu Meu Mi Mé Mâ
Mu eu i é â

Et terminer en réunissant toutes les voyelles en un seul groupe dans une respiration.

Mi é, è, à, u, eu, e, â, ou, ô, ô, â

Et en ajoutant les voyelles nasales :

Mi, é, in, è, à, u, eu, un, e, â, ou, ô, on ô, an.

Pour éviter une complication, les voyelles nasales ont été laissées de côté, mais il est toujours facile de les ajouter, leur place de formation se trouve après la voyelle fermée de chaque groupe.

TABLE DES MATIÈRES

CORBEIL. — Imprimerie B. RENAUDET.

www.ingramcontent.com/pod-product-compliance
Ingram Content Group UK Ltd.
Pitfield, Milton Keynes, MK11 3LW, UK
UKHW021446090726
13657UKWH00003B/1236